AF467441

BRUTUS ET CASSIUS,

OU

LA BATAILLE DE PHILIPPES,

SUITE

DE LA MORT DE CÉSAR,

TRAGÉDIE,

EN VERS ET EN DEUX ACTES,

Imitée de l'Anglais, de Shakespear,

Par SEXTIUS RUFFARDIN, Patriote des Isles-du-Vent-d'Amérique, déporté en France par les Anglais et Emigrés réunis.

Prix 30 sols en mandats territoriaux,
Ou 30 livres en assignats.

A PARIS,

Chez l'Auteur, au Bureau général de la Gazette historique et politique de la France et de l'Europe, rue J. J. Rousseau, la porte cochère en face de la rue Verdelet.

An IVme de la République.

L'Édition de cette pièce s'étant faite à mes propres frais et du produit d'une rigoureuse économie, je déclare me réserver tous les droits de propriété que la loi m'assure tant pour l'impression que pour la représentation, désavouant en conséquence tout exemplaire qui ne porterait point ma signature au bas de cet avis, pour ensuite me pourvoir contre le spoliateur et le faire condamner à tel dédommagement que de droit.

Quant à la représentation, je l'abandonne aux directions qui voudront la jouer, et cède ma part d'Auteur aux Veuves des défenseurs de la patrie, dans les villes où je n'habiterais pas.

J. B. Buffardin

A MON ÉPOUSE.

INTÉRESSANTE créature, que le ciel associa à mon sort pour en partager et adoucir les ri[illegible] quoiqu'à deux mille lieues de toi, je n'ai pu tracer les s[illegible]es mélancholiques de Brutus, dernier défenseur de la liberté romaine, et rappeler le sublime désespoir de Porcia, sans être pénétré de ton souvenir et sans craindre que, trompée sur mes jours, tu ne te portasses à une extrémité aussi terrible, et dont je sais que ton amour pour moi te rendrait capable, si tu désespérais aussi de me revoir.

Reçois donc, ma fidèle amie, l'hommage public d'un Ouvrage que ta mémoire n'a cessé d'animer dans mes veilles, et, s'il doit me devancer auprès de toi, qu'il t'assure de mon estime, de ma tendresse et du désir brûlant que j'ai de te rejoindre à jamais.

Paris, 25 germinal, An 4me.

SEXTIUS BUFFARDIN.

ACTEURS.

BRUTUS.
CASSIUS.
OCTAVE-CÉSAR.
MARC-ANTOINE.

MESSALA, TITINIUS, LUCILIUS,	Amis de Brutus et de Cassius.
DARDANIUS, VOLUMNIUS, VARRON, STRATON, CLITUS, CLAUDIUS, LUCIUS,	Serviteurs de Brutus ou Romains attachés à lui.

PINDARUS, Esclave de Cassius.
L'OMBRE DE JULES-CÉSAR.
GARDES, Suite, Armées.

La Scène est au premier Acte entre Sardis et Philippes, en Macédoine, au camp de Brutus.

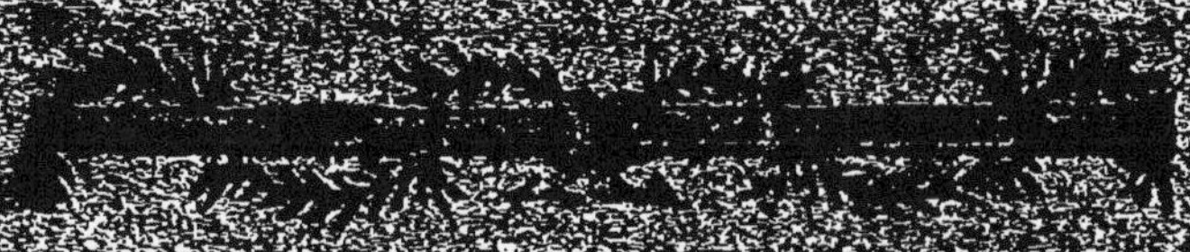

BRUTUS ET CASSIUS

OU

LA BATAILLE DE PHILIPPES

TRAGÉDIE.

ACTE PREMIER.

Le Théâtre représente [illegible] Brutus [illegible] campagnes de Philippes [illegible] [illegible] Brutus [illegible]

SCÈNE PREMIÈRE.

BRUTUS, [illegible]

[illegible]

Au soin de [illegible] [illegible] Cassius,
Empressé de venir seconder Brutus,
D'un ouvrage sanglant [illegible]

Et de ses passions modérer le caprice?

LUCILIUS.

N'en doute point, ton frère(*) ardent à nous servir,
Est près de te rejoindre au gré de ton desir;
De Sardis, à ma voix, il a quitté les plaines
Et dirigé vers nous ses légions romaines:
Puisse la Liberté, vous ayant réunis,
Combattre dans nos rangs contre ses ennemis!

BRUTUS.

Elle n'a plus que nous pour prendre sa défense;
L'univers de long-tems va perdre sa présence,
Si nous sommes vaincus. Dans Rome ses autels
Sont déjà renversés par de lâches mortels,
Esclaves tour-à-tour du tyran qui menace
Et ses accusateurs quand il n'a plus d'audace.
L'esprit public n'est plus qu'un mélange odieux
De plaintes, de regrets, de cris séditieux;
Antoine a comprimé le sentiment sublime
En montrant la vertu sous les aspects du crime.
Octave, Lépidus, tous deux chefs d'assassins,
Aux mânes de César immolent les Romains;
Nous sommes en horreur parmi ces homicides
Qui s'excusent ainsi de leurs noirs parricides.
Nos fidèles amis, errans, infortunés,
Maudissant tous le jour sous lequel ils sont nés;
Pour ne pas compléter d'horribles hécatombes,
Vivans, morts, ou proscrits descendent dans les tombes,
Et, comble de disgrace en ces tems malheureux,
Brutus et Cassius sont divisés entr'eux!

(*) L'amitié avait fait de Brutus et Cassius deux frères par une adoption mutuelle et volontaire, et ils s'en donnaient le nom comme s'ils fussent sortis du même sein.

LUCILIUS.

Ils ne le seront plus, pour sauver la patrie,
Quand tout les en conjure et les reconcilie.

BRUTUS.

Comment t'a-t-il reçu?

LUCILIUS.

Dans les plus hauts transports
D'une vive amitié.

BRUTUS.

Trop vulgaires efforts
D'un cœur qui s'attiédit!

LUCILIUS.

Ne lui fais pas l'injure
De croire que son cœur recèle l'imposture.

BRUTUS.

Je n'en ai pas besoin dans mes cuisans chagrins.

LUCILIUS.

Le soupçon n'est pas fait pour les républicains,
Livre-toi sans contrainte à la juste assurance
Que l'un de l'autre est digne et vaut la confiance.

(*Une marche se fait entendre au loin.*)

BRUTUS.

Il approche, offrons-nous au devant de ses pas.

(*Cassius paraît avec ses soldats à l'entrée du camp; il fait faire halte et vient embrasser Brutus.*)

SCENE II.

BRUTUS, CASSIUS, LUCILIUS, SUITE.

CASSIUS.

O Mon frère ! ô Brutus ! serre-moi dans tes bras,
J'y viens ensevelir une sensible offense !

BRUTUS, *avec sang-froid.*

Que le ciel sur ma tête épuise sa vengeance,
Si par moi Cassius fut jamais offensé !
J'aurais bien plus de droit d'accuser le passé.

CASSIUS.

Cette stoïcité que ton âme déploie
Me rendrait aux tourmens auxquels je fus en proie.

BRUTUS, *toujours avec calme.*

Je peux bien supporter tes excès furieux,
Mais de l'armée au moins n'en blesses pas les yeux ;
Fesons la retirer, et passons dans ta tente.

(Ils donnent chacun les ordres à leurs lieutenans d'éloigner les troupes de la tente de Brutus et sortent ensemble.)

SCENE

SCENE III.

La scène représente l'intérieur de la tente de BRUTUS.

BRUTUS ET CASSIUS *entrent seuls.*

CASSIUS.

Oui, tu m'as outragé, la preuve en est récente ;
Ne t'ai-je point écrit en faveur de Pella,
Accusé devant toi d'un douteux péculat ?
Eh bien, l'empressement que j'ai mis à sa gloire
N'a produit qu'un arrêt qui flétrit sa mémoire ;
Ses services passés que je t'ai fait valoir,
Ne m'ont été comptés que pour son désespoir.

BRUTUS.

Cesse de m'imputer de t'avoir fait outrage,
Quand tu conviens ici que c'est ton propre ouvrage,
Car en faveur du crime employer son crédit,
C'est vouloir partager la honte qui le suit :
Le soin de ton honneur m'empêchait d'y souscrire.

CASSIUS.

Des moyens répressifs faut-il choisir le pire,
Et s'enlever l'appui d'un soldat plein de cœur ?

BRUTUS.

C'est un lâche dès-lors qu'il a trahi l'honneur.
Mais puisqu'à t'accuser à mon tour tu m'invite,
De trop d'avidité je blâme ta conduite ;
A des êtres sans mœurs de vendre les emplois,
D'oublier le mérite ou lui ravir ses droits :
Du nom de Cassius ces excès s'ennoblissent

Et dans l'impunité toujours ils s'accomplissent.
Le juste châtiment n'ose plus se montrer.

CASSIUS.

Le juste châtiment.....

BRUTUS, *vivement.*

Lui qui fait tout rentrer
Dans l'ordre nécessaire, et frappe l'indocile
D'une longue terreur qui lui devient utile.
Songe aux Ides de mars, souviens-toi du moment
Que pour le bien public transportés saintement,
Un de nous sur César leva sa main hardie,
Et nous fit le signal de venger la patrie:
Vingt poignards aussitôt lui percèrent le sein,
Et, noyé dans son sang, il expira soudain.
Des remords nul de nous n'éprouva le supplice
Après cette action, qui fut un sacrifice
Fait aux dieux infernaux, et non assassinat.
Aucun motif secret n'en obscurcit l'éclat:
Nos cœurs restèrent purs, quand la main dégoûtante
Fit à la Liberté cette offrande sanglante.
Si César n'eût quitté le rang de citoyen,
Au lieu de le frapper j'eusse été son soutien.
Celui donc qui renonce à sa vertu première
Pour se perdre à l'appât d'une abjecte matière,
Est plus vil à mes yeux que l'or deshonorant.

CASSIUS.

Et Brutus me suppose un si bas sentiment,
Sans craindre que rompant l'amitié qui nous lie,
De quelque repentir je n'accable ma vie.

BRUTUS.

D'une déloyauté tu peux déjà rougir,
Sans t'occuper encor d'un second repentir.

CASSIUS.

Que me reproches-tu ?

BRUTUS.

Cette infame avarice
De m'avoir refusé, pour solder le service,
Un or qui t'est de trop, un or qui t'avilit,
Et dont j'avais besoin; comme je te l'ai dit.

CASSIUS.

J'aurai pu me méprendre en cette circonstance.

BRUTUS.

On ne se trompe point quand on sert d'abondance.

CASSIUS.

Tu me déchires l'ame en me traitant ainsi.
Un ami doit au moins excuser son ami,
Et non grossir ses torts, quand parfois il s'égare.

BRUTUS.

Je les dis tels qu'ils sont, afin qu'on les répare.

CASSIUS.

Me refuserais-tu jusques à ta pitié?

BRUTUS.

Je te garde toujours une austère amitié.

CASSIUS.

Antoine, jeune Octave, altérés de vengeance,
Cassius à vos coups se livre sans défense,
Hâtez-vous de venir attaquer un Romain
Qui se vendrait plus cher les armes à la main!
Il ne peut supporter le fardeau de la vie,

B,

Si Brutus ne lui rend son amitié ravie,
Tiens, voilà mon poignard teint du sang du tyran,
Mon frère, ne crains pas de m'en ouvrir le flanc
Pour y prendre mon cœur palpitant de tendresse,
Qui saigne de n'avoir secouru ta détresse
D'un or dont je croyais tirer quelque parti.

BRUTUS.

Cache ce fer sacré, Brutus est ton ami.

(Ils s'embrassent et versent des larmes.)

Pardonne, mon cher frère, à ma douleur secrète
Des reproches trop durs.

CASSIUS.

Mon ame satisfaite
Ne peut plus contenir que tes nouveaux chagrins:
D'où te proviennent-ils ?

BRUTUS.

De mes affreux destins. . . .

(Il s'avance vers le fond de sa tente et appelle.)

Lucius, donne-nous la coupe de mes pères
Pour y former des vœux qui nous soient plus prospères.

(à un autre serviteur.)

Toi, dis à Messala d'assembler en ces lieux
Le conseil des guerriers sous l'auspice des Dieux.

(Revenant joindre Cassius.)

Je souffre, Cassius, d'une peine mortelle.
Porcia. . . . nous attend. . . . dans la nuit éternelle.

CASSIUS.

Ton épouse !

BRUTUS.

N'est plus.

CASSIUS.

Malheureux que je suis
D'avoir porté le comble à d'aussi grands ennuis!

BRUTUS.

La fille de Caton n'a pu voir sa patrie
Par les amis des rois chaque jour avilie,
Elle a comme son père étonné l'univers,
Et préféré la mort à la honte des fers,
Mais une mort terrible, exaltée, incroyable,
Dont même le récit est trop épouvantable....
Dans un foyer ardent elle a pris des brandons
Et les a dévorés en invoquant nos noms.

CASSIUS, *avec déchirement.*

O douleur!

BRUTUS.

Cassius, la fortune inhumaine
Ne fait que mieux tremper l'ame républicaine,
(*En allant prendre la coupe des mains de Lucius.*)
Viens, mon frère, oublions dans un parfait accord
Notre explication et la rigueur du sort.
Je bois à Cassius, à l'égalité sainte,
Au bonheur des humains, à toute haine éteinte!

CASSIUS, *après lui.*

A toi mon cher Brutus, à nos dignes soutiens,
A notre liberté, le premier de nos biens!

SCENE IV.

TITINIUS, MESSALA, LUCILIUS et autres chefs paraissent. BRUTUS, CASSIUS.

BRUTUS.

Guerriers qui partagez notre même fortune,
Venez délibérer pour la cause commune ;
Titine, Messala, Cimber, Lucilius,
Aidez de vos conseils Brutus et Cassius.
Nous touchons au moment funeste ou favorable
D'assurer aux Romains un sort moins variable :
Vainqueurs, nous leur rendons gloire, célébrité,
Amour de la patrie, élans, sublimité ;
Vaincus, nous leur laissons la honte et l'esclavage
Où déjà les tyrans enchaînent leur courage.
Grands Dieux, ne souffrez pas que nos concitoyens,
Si libres et si fiers, reprennent des liens !
Malheur aux êtres vils, scélérats, ou stupides,
Qui ne s'émeuvent point aux coups liberticides !
Quant à nous que tout porte à garder l'étendard
Levé contre un parti qui regrette César,
Sachons mourir pour Rome ou vaincre pour sa gloire ;
En tout perdant, au moins, sauvons notre mémoire.

CASSIUS, *rêvant en lui-même.*

Porcia, tu n'es plus !

BRUTUS.

Écarte ce penser....
L'ennemi sur Philippe a paru s'avancer ;
Devons-nous en ces lieux attendre qu'il arrive,
Ou voler au devant de sa marche tardive ?

CASSIUS.

Je crois qu'il faut l'attendre.

BRUTUS.

Et pour quelle raison?

CASSIUS.

Pour le faire sortir de sa position,
Le fatiguer de route, éteindre son courage,
Troubler son campement à notre voisinage;
Alors, bien reposés, nous lui livrons combat
Et n'exposons pas tant le salut de l'état.

BRUTUS.

Je ne me range point à l'avis de mon frère;
J'embrasse, à cet égard, un sentiment contraire,
Et je pense obtenir un succès plus certain
En cherchant l'ennemi pour l'attaquer soudain.
Entre Philippe et nous des peuples indociles
Cultivent à regret des campagnes fertiles,
Ils craignent de fournir à nos besoins divers,
Et gardent tout pour ceux qui leur rendront des fers.
Mettons derrière nous cette indigne contrée;
Antoine n'y pourra recruter son armée,
Elle est faible de nombre, et nous sommes complets.
Abandonnons au sort nos plus grands intérêts;
Avançons sur Philippe; il est dans la nature
Une mâturité constante et toujours sûre,
Après laquelle il faut nécessairsment choir
Et suivre son déclin qui finit sans espoir:
Nous sommes dans ce cas salutaire à nos armes,
Sachons en profiter et sonnons les alarmes.

TOUS.

Oui, partons pour Philippe!

BRUTUS.

Allons, braves amis,
Puisque vous adhérez à mon dernier avis,
Soyons prêts à marcher demain avant l'aurore.
La nuit est descendue, allez jouir encore
D'un moment de repos. A demain Cassius.

CASSIUS, *avec affection.*

Demain avant le jour j'embrasserai Brutus :
Adieu ; daigne le ciel exauçant ma prière,
Verser un doux sommeil sur ta triste paupière.

(Ils s'embrassent.)

SCENE V.

BRUTUS; LUCIUS *endormi au fond de la tente.*

BRUTUS.

Lucius ! Lucius !

LUCIUS.

Qu'ordonnez-vous, Seigneur ?

BRUTUS.

J'ai troublé ton repos, fidèle serviteur :
Encore cette nuit fais-m'en le sacrifice ;
Si pour nous le dieu Mars se déclare propice,
Je saurai reconnaître un pareil dévoûment.

Que

Que Straton, Claudius soient prêts à chaque instant
Pour porter aussitôt à Cassius mon frère
Les messages divers qu'il sera nécessaire.
Va les en prévenir.

SCENE VI.

BRUTUS, *seul.*

Pour calmer mon ennui,
De la sagesse en vain je réclame l'appui.
Sublime Porcia, ta mort trop étonnante
A jeté dans mon ame une sainte épouvante!

SCENE VII.

BRUTUS, LUCIUS.

LUCIUS.

Seigneur, nous sommes tous prêts à vous obéir.

BRUTUS.

Sensible Lucius, charme mon déplaisir,
Prends ton luth agréable à ma mélancholie
Et rafraîchis mes sens d'une douce harmonie.

LUCIUS *prend son luth, s'assied par terre, chante les paroles suivantes, (dont la musique est à faire), s'accompagne et s'endort.* BRUTUS *est assis près d'une table, sur laquelle est un livre et un flambeau dont la lumière s'obscurcit.*

LUCIUS, *chantans.*

Que l'astre du jour paraisse
Aux portes d'Orient,
Ou que le soir il s'abaisse
Sur l'humide Océan,
Le souvenir de ma patrie
Ne m'abandonne jamais;
Toujours son image chérie
S'offre à mes yeux satisfaits.

Qu'il doit être misérable
Celui qui s'est banni
Pour prendre une arme coupable
Des mains de l'ennemi;
Bientôt le remords le dévore,
Il éprouve tous les maux,
En vain de l'une à l'autre aurore
Cherche-t-il quelque repos.

La fureur et la tendresse
L'agitent tour-à-tour,
Et dans son ame traîtresse
Sont la haine et l'amour;
Au milieu de ceux qu'il déteste
Se trouvent ceux qu'il chérit;
Sa vengeance n'est pas funeste,
Il se consume en dépit.

(Il reprend le premier couplet et s'endort.)

BRUTUS.

Le sommeil qui me fuit, répand sur cet esclave
Ses pavots bienfaisans et son calme suave.

Je n'en suis pas jaloux ; dors, pauvre serviteur....
Ce flambeau qui s'éteint convient à ma douleur....

(Tout-à-coup le devant de la tente se lève ; l'ombre de JULES CESAR *paraît. Il est couvert de son manteau sanglant. Il s'arrête à l'entrée de la tente et, le bras étendu, il dirige un doigt vers la terre.)*

BRUTUS *lève les yeux et apperçoit le spectre.*

Ah ! qui paraît ici !... C'est ma vue égarée
Qui me produit l'aspect de cette ombre effarée....

(le spectre fait un pas vers Brutus.)

Elle avance sur moi !

(Brutus se lève et, dans son saisissement, laisse tomber le livre qu'il tenait à la main.)

Toi qui glaces mon sang,
Es-tu génie ou dieu, quelque esprit malfaisant
Qui cherche à m'effrayer ?...

LE SPECTRE.

C'est ton mauvais génie.

BRUTUS.

Ah ! je te prends aussi pour une ombre ennemie.
Que veux-tu ?

LE SPECTRE.

T'avertir qu'à Philippes, Brutus,
Tu me verras encor.

(Le spectre disparaît.)

BRUTUS, *reprenant courage.*

Tes ordres absolus
Seront exécutés sans craindre ta menace;
J'y vole de ce pas te montrer mon audace
Contre des ennemis plus forts et moins hideux
Que des spectres errans qui me troublent les yeux.

(Il éveille son esclave d'une voix encore tremblante.)

Lucius, mon ami, ... qu'on instruise mon frère
Que je lève le camp, que rien ne me diffère.

Fin du premier Acte.

ACTE II.

SCENE PREMIERE.

La scène représente les champs de Philippes avec les tentes avancées des deux armées ; elles sont séparées par une plaine. A l'entrée de cette plaine est l'armée de Brutus. *L'armée d'*Antoine *et d'*Octave *campe à mi-côte sur le penchant de la montagne opposée.*

ANTOINE et OCTAVE *se présentent avec un gros de leurs soldats.*

OCTAVE.

Je présumais assez de l'audace romaine,
Antoine, en t'assurant qu'ils viendraient dans la plaine.

ANTOINE.

Désespérant de vaincre, ils nous bravent encor ;
Ne t'en étonnes point, c'est leur dernier effort ;
De leurs débris bientôt ces campagnes couvertes
Au lieu de leur orgueil attesteront leurs pertes.

UN OFFICIER.

Les chefs de l'ennemi, seigneurs, suivent mes pas,
Sous la foi d'un drapeau qui suspend les combats.

OCTAVE.

Au moindre mouvement que nos troupes soient prêtes !
Allons leur confier nos volontés secrettes.

(Octave et Antoine vont parler un moment aux lieutenans de leur aile respective, et reviennent.)

SCENE II.

On entend des marches. BRUTUS et CASSIUS *s'avancent de l'autre côté du camp à la tête d'une partie de leurs troupes.*

ANTOINE, OCTAVE, BRUTUS, CASSIUS, Officiers, *etc.*

BRUTUS.

Avec d'anciens amis près d'en venir aux mains,
Nous voulons pour la paix expliquer nos desseins :
Que Rome soit heureuse et nous posons les armes.

OCTAVE.

Avec des assassins la paix n'a point de charmes.
Pour rendre Rome heureuse il lui faut des Césars,
Et nous vengeons celui qu'ont frappé vos poignards.
Je tire contre vous l'instrument du carnage
Et n'écoute plus rien.

BRUTUS.

N'épuise point ta rage
En de vagues propos; nous pouvons te fournir

Un meilleur aliment si tu veux la nourrir.

ANTOINE.

Vous avez provoqué nos armes redoutables,
Elles sauront punir vos forfaits exécrables.

CASSIUS.

Le lâche Antoine aussi fait entendre sa voix !..
Vil suppôt des tyrans, s'il n'eût tenu qu'à moi,
Ton sang nous eût sauvé ce moment d'infamie
De traiter avec toi du sort de la patrie.

OCTAVE et ANTOINE.

Aux armes !

(*Ils courent se ranger à la tête de leurs troupes.*)

BRUTUS, *fièrement.*

C'est pour nous le signal du combat.

SCENE III.

BRUTUS, CASSIUS, OFFICIERS.

CASSIUS.

C'EN est fait, il nous faut sortir avec éclat
Du doute trop cruel si les ondes du Tibre
Arroseront encor les murs de Rome libre,
Ou si de son enceinte allant aux vastes mers,
Elles y rouleront l'opprobre de ses fers.

BRUTUS.

Oui, de Rome aujourd'hui fixons la destinée,

Qu'elle se développe avec cette journée !
Embrassons-nous, mon frère, et volons dans les rangs.

CASSIUS.

Mon ame passe en toi dans ces tendres momens ;
Qu'elle y reste à jamais, si le sort que j'ignore
Ne me permettait plus de te revoir encore.

BRUTUS.

Nous nous joindrons toujours, triomphans ou vaincus.

CASSIUS.

Adieu, ces derniers mots embrâsent Cassius.

SCÈNE IV.

Tous les instrumens de guerre se font entendre.

La mêlée commence au loin. Les aigles romaines paraissent élevées de tous côtés ; le bruit du combat redouble ; divers partis poussent et sont repoussés.

BRUTUS *paraît dans le fond, l'épée à la main.*

MESSALA *arrive d'un autre côté.*

BRUTUS, *vivement.*

ALERTE, Messala, vas fondre sur cette aîle !
Attaquons à-la-fois Octave qui chancèle.

(Ils sortent de différens côtés.)

(Une autre alarme. CASSIUS *arrive de l'autre côté de la plaine, tenant d'une main son épée*

épée et de l'autre une enseigne. TITINUS *le suit.*)

CASSIUS, *transporté de colère.*

Je suis abandonné par mes propres soldats ;
Ils ne m'écoutent plus, je n'y survivrai pas.
Les lâches ! dans leur fuite ils jettent leur bannière !
Les guidons de l'honneur traînent dans la poussière !

PINDARUS, *arrivant tout essoufflé.*

Fuyez, seigneur, fuyez, Antoine est parvenu
Jusques dans votre camp qui n'est plus défendu,

(*On apperçoit une flamme qui s'élève.*)

Regardez dans les airs les flammes dévorantes,
Elles sortent du feu qui consume vos tentes.

CASSIUS.

Mon cher Titinius, assure-nous ces lieux,
Observe l'ennemi.

à Pindarus.

Toi, promène tes yeux
De ce tertre élevé, sur la plaine voisine.

(*Titinius et Pindarus exécutent ses ordres.*)

Je touche enfin au sort que le ciel me destine ;
Les temps sont révolus, le jour de mon berceau
Semble ne m'amener que celui du tombeau . . .
Tout m'accable et me nuit. ô Brutus ! ô Patrie !
Vous seuls m'intéressez au sortir de la vie.

PINDARUS, *du coteau où il est monté.*

Titinius est pris, on l'entoure, il se rend.

(*On entend des cris de joie.*)

CASSIUS.

C'est moi qui l'ai livré! viens, Pindarus, descend..
Puisqu'à mes serviteurs ma voix est si funeste,
Je n'abuserai point du moment qui me reste....

(Il se poignarde.)

Adieu. Le monde entier s'échappe devant moi.

PINDARUS, *se précipitant à ses pieds.*

Cassius, tu nous rends plus malheureux que toi!
(Un moment après il se relève et s'enfuit égaré.)

SCENE V.

TITINIUS et MESSALA arrivent auprès du lieu où Cassius est étendu. Le soleil baisse vers le couchant.

MESSALA.

Ne désespérons point, le succès se partage;
Sur Octave, Brutus a le même avantage
Que celui que sur vous Antoine a remporté.

TITINIUS.

Cassius reprendra l'espoir qu'il a quitté.
Mais je ne le vois point, et mon ame saisie
Craint qu'il n'ait terminé sa malheureuse vie.

MESSALA.

Le voici dans son sang....

TITINIUS.

O trop fatale erreur
D'avoir cru que par-tout Antoine était vainqueur!

SCENE VI.

Une nouvelle alarme se fait entendre.

BRUTUS *paraît avec* PINDARUS, *le jeune* CATON, STRATON, VOLUMNIUS, LUCILIUS *et d'autres* OFFICIERS.

BRUTUS.

Guide-moi, Pindarus, que j'embrasse mon frère.

(Il se précipite sur le corps de Cassius.)

Dans les bras de la mort image toujours chère,
Cassius, Cassius! quelle fatalité
T'a fait désespérer de notre liberté?
Je t'apporte un laurier cueilli dans la victoire...
Qu'il serve, après ta mort à couronner ta gloire.

(Il lui met sur la tête une couronne de laurier.)
(La bataille est suspendue; cependant un bruit de combat se fait encore entendre au loin.)

(En se relevant.)

Amis, nous devons tous des pleurs à ce héros,
Nous les lui donnerons dans les murs de Thassos.
Achevons d'assurer la liberté de Rome,
C'est le premier honneur qu'il faut à ce grand-homme.

SCÈNE VII.

(*La scène découvre le champ de bataille. La mêlée recommence ; des alarmes se succèdent.*

BRUTUS *reparaît avec* MESSALA, CATON, FLAVIUS *et* LUCILIUS.

BRUTUS, *à haute voix et courant devant des soldats.*

COMPAGNONS de Brutus, chargez, braves soldats!
Suivez la Liberté qui devance nos pas.

(*L'armée répète ce dernier vers, en substituant : suivons ; le combat s'engage, on perd de vue Brutus ; la terre se jonche de cadavres.*

SCENE VII et DERNIERE.

La scène représente une autre partie de la plaine. Au milieu est un rocher ; la nuit est tombée, la lune éclaire.

BRUTUS *s'avance et monte tristement sur le rocher, suivi de* DARDANIUS, CLITUS, STRATON, LUCIUS, *qui sont accablés de lassitude.*

BRUTUS.

VENEZ, derniers témoins de mon destin terrible,
Arrêter près de moi votre course pénible.

(*Brutus s'assied sur la pierre ; il est plongé dans ses pensées, le coude appuyé sur ses genoux et la tête sur ses mains.*

Approche-toi, Clitus, Straton, Dardanius,
Volumnius, Varron, et toi bon Lucius.
De César, par deux fois, au milieu des ténèbres,
L'ombre m'est apparue, et, par ses cris funèbres,
Elle a glacé mes sens et m'a prédit mon sort.
Je lui résiste en vain, cédons lui par la mort.
Eh, que m'importe, hélas! de rester à la vie
Quand, seul, je ne puis plus défendre ma patrie,
Quand de lâches Romains, causes de nos revers,
Attendent les tyrans pour rentrer dans les fers;
Quand le peuple égaré sur notre renommée
Abjure ses soutiens, abandonne l'armée,
En ne secondant pas ses efforts généreux,
Et se livre lui-même en son délire affreux.

(Il se lève et ses serviteurs l'imitent; il donne son épée à Lucius.)

Lucius, tiens ce fer, que je m'y précipite.

L U C I U S, *épouvanté, et se retirant avec les autres.*

Que me proposez-vous! Seigneur, je vous évite.

B R U T U S, *vivement.*

Vous me délaissez-tous au comble du malheur!

L U C I U S.

Qui pourrait s'empêcher de reculer d'horreur,
A des ordres pareils?

(Le bruit des alarmes redouble.)

D E S V O I X, *qui crient en s'approchant.*

Fuyons en diligence.

(en traversant la scène.)

Fuyez, Romains, fuyez le vainqueur qui s'avance.

LUCIUS, *resté seul avec Brutus.*

Mon maître, sauvons-nous.

BRUTUS, *avec une sombre fureur.*

Oui, mais dans le tombeau.
Ouvre-le sous mes pas, ou je suis ton bourreau.

LUCIUS.

Plût aux dieux qu'au vainqueur mon sang pût satisfaire,
Et m'épargner l'horreur d'un cruel ministère!...

(*Une alarme. --- Une retraite. --- Des cris de victoire. --- On apporte de tous côtés des torches allumées.*)

En tremblant.

Mais, Brutus, je vous sers, tout me fait un devoir
D'obéir sans réplique à votre désespoir.

(*Il lui prend la main, y colle ses lèvres; il tient ensuite son épée et détourne les yeux.*)

BRUTUS *se précipite sur son épée et expire en prononçant ces dernières paroles.*

Je me meurs.... Ainsi donc tout passe et se consomme!...
Abusive vertu, tu n'étais qu'un fantôme!

Les troupes d'Antoine et d'Octave commencent à remplir le théâtre; la toile tombe.

FIN.

De l'Imp. de CHAMBON, rue des Grands Augustins, N°. 27.

www.ingramcontent.com/pod-product-compliance
Ingram Content Group UK Ltd.
Pitfield, Milton Keynes, MK11 3LW, UK
UKHW020439220726
13923UKWH00005B/2218